AF253439

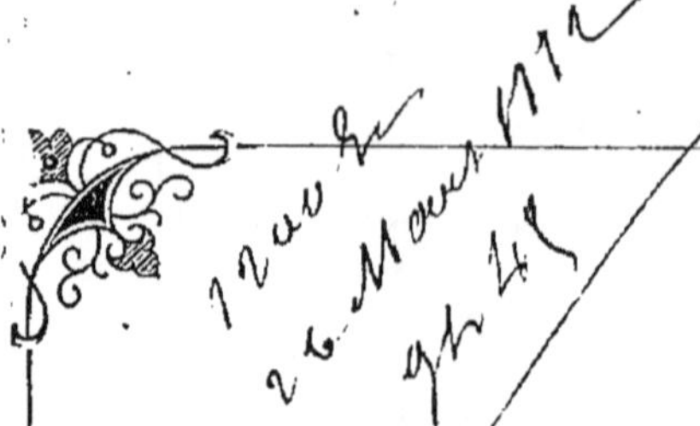

LA
SOLUTION LOYALE

RENOUVELLEMENT INTÉGRAL

PLÉBISCITE

RENOUVELLEMENT PARTIEL

PAR

Albert CHRISTOPHLE

Député de l'Orne, vice-président du *Centre gauche*

PARIS

E. DENTU, LIBRAIRE-ÉDITEUR

PALAIS-ROYAL, 17 ET 19, GALERIE D'ORLÉANS

1872

SOLUTION LOYALE

LA
SOLUTION LOYALE

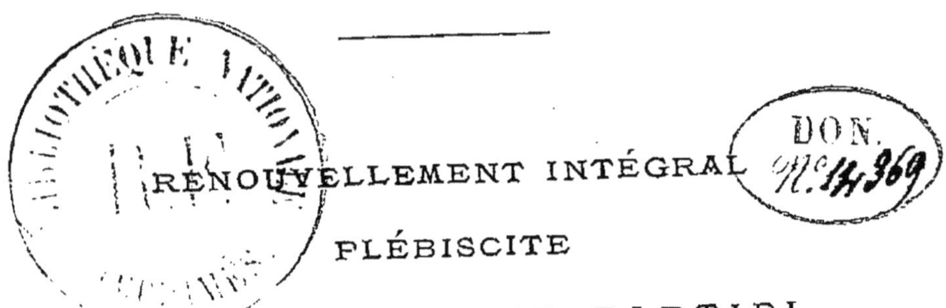

RENOUVELLEMENT INTÉGRAL

PLÉBISCITE

RENOUVELLEMENT PARTIEL

PAR

Albert CHRISTOPHLE

Député de l'Orne, vice-président du *Centre gauche*

PARIS

E. DENTU, LIBRAIRE-ÉDITEUR

PALAIS-ROYAL, 17 ET 19, GALERIE D'ORLÉANS

—

1872

Les lignes qui suivent ont été écrites il y a plus de deux mois. J'ai attendu, pour les publier, le résultat des dernières élections et des récentes tentatives de fusion. Les élections, sauf deux exceptions prévues, n'ont pas révélé de changement sensible dans l'opinion publique. Les manifestes annoncés n'ont pas paru, signe nouveau de l'impuissance des partis monarchiques. La situation politique est restée la même.

Je livre donc au public ma brochure telle que je l'ai écrite, sans y rien changer. L'idée du renouvellement partiel à laquelle elle est principalement consacrée, était, il y a deux mois, une idée juste, féconde, pratique. Ce qui s'est passé depuis lors donne à cette idée un caractère d'urgence et de nécessité plus évident que jamais.

La leçon des événements sera-t-elle comprise ?

SOLUTION LOYALE

Depuis la rentrée de l'Assemblée nationale au palais de Versailles, la marche de la politique semble subir un temps d'arrêt. Rien de nouveau ou, tout au moins, de décisif n'est sorti de ce milieu où bouillonnent tant de passions, où s'agitent tant de convoitises, où se combattent tant d'intérêts. Des luttes actives, incessantes, des conflits sans trêve, une agitation qui trahit le trouble des esprits, une confusion chaque jour plus grande, voilà le spectacle que présentent les partis. On a vu rarement dans une grande Assemblée plus de bon vouloir, plus de talents solides, plus d'honnêteté et plus de patriotisme. On n'a jamais vu, non plus, autant d'impuissance et moins de décision. Tout le monde sent le péril; mais le temps se passe en lamentations stériles. On s'accorde sur l'imminence du danger, et sur la nécessité d'y faire face. On reconnaît que le pays, que la société sont menacés dans leur existence même; mais personne ne veut du remède que le voisin propose, et le malade languit, il est près de périr faute de secours. Il faut que cette situation cesse. On ne joue pas impunément, dans une grande Assemblée, avec les passions politiques, lorsqu'à ces passions correspondent, au dehors, les excitations démagogiques, les effervescences des doctrines prétendues sociales, et les attaques violentes des partis mécontents se donnant libre carrière dans l'arène commune des rancunes et de la calomnie ! Le premier devoir de l'Assemblée est de faire cesser une agitation aussi dangereuse. Elle y manquerait gravement, si elle n'envisageait résolûment cette suprême nécessité, et si, après l'avoir reconnue, elle ne savait pas, résolûment ssi, en s'inspirant des sentiments du pays, arrêter la solution qu'il attend d'elle et qu'elle a, d'ailleurs, pris l'engagement de lui donner en se déclarant constituante. Quelle est cette solution, ou du moins quel est le moyen de l'atteindre et de la réaliser ? Voilà ce que je voudrais rechercher.

I

Pour une fraction importante de la Chambre, cette solution n'est pas difficile à trouver. Elle consiste simplement dans le retour à la monarchie légitime. Je ne suis point de ceux qui croient qu'une nouvelle restauration ramènerait nécessairement tous les abus de l'ancien Régime. Le parti légitimiste a été, lors des dernières élections, l'objet d'attaques aussi odieuses que passion-

nées. Mais ces attaques, par cela seul qu'elles détermi-
nent un courant irrésistible de l'opinion, prouvent clairement que ce parti poursuit un rêve irréalisable. Il prétend remonter un courant plus fort que toutes les digues,
et il lui suffit de montrer sa voile au milieu des récifs
pour qu'aussitôt la tempête redouble et menace de tout
engloutir. Quoi qu'il fasse et quelles que soient ses in-
tentions, son impuissance est désormais constatée.
C'est une élite très-courageuse, très-convaincue, digne
de beaucoup d'estime, mais qui n'a point de soldats
derrière elle, et que les prochaines élections ne ren-
verront point à l'Assemblée.

Les orléanistes sont aussi nombreux; mais ils n'ont
pas plus de chance de faire prévaloir leur pensée politique. La fusion, tant préconisée il y a quelques mois,
tant de fois annoncée, ne se fera jamais. Des abîmes
d'une incommensurable profondeur séparent et les
prétendants et leurs amis. Il n'y a pas d'amalgame possible entre le droit héréditaire et le principe de la souveraineté nationale. M. le comte de Chambord pourrait,
à la rigueur, s'entendre avec M. le comte de Paris; le
contrat ne serait pas reconnu et accepté par les partis.
Même pour un mariage de raison, il faut le consente-
ment des proches. Or, dans notre société française,
aussi uniforme en apparence, aussi semblable, à tous
les degrés, par ses mœurs, ses habitudes et ses aspirations, il y a plus encore, peut-être, que sous l'ancien
régime, entre ce qu'on appelle la noblesse et la bourgeoisie, des hostilités sourdes, des haines et des jalou-

sies inexorables. Les deux monarchies répondent à ces passions, à ces courants contraires. On peut déplorer ces rancunes étroites et cet aveuglement des partis monarchiques ; mais comment douter de la réalité et de la puissance de ces divisions que n'a pu faire cesser l'intérêt commun de la défense sociale ? L'isolement des deux branches est donc un fait nécessaire, inéluctable : la branche cadette trouvera la branche aînée sur son passage le jour où elle voudra franchir les abords du pouvoir.

Le parti républicain n'est pas mieux en mesure, en ce moment, de faire accepter ses principes au sein de l'Assemblée par une majorité compacte. Il a pour lui des doctrines nettes, un principe qui, dans la société issue de 1789, défie toute contradiction ; il a l'avantage incontestable d'avoir la possession, si précaire et si contestée qu'elle soit, de la forme gouvernementale, objet de ses aspirations. Le pays, si facile à effrayer autrefois au seul nom de la République, paraît plus sympathique, moins défiant. La bourgeoisie qui, en 1848, lui était foncièrement hostile, s'est laissé, dans la plupart des villes, gagner à des opinions qu'elle juge plus sainement. On reproche aux républicains ce que l'on appelle la *queue* du parti. Mais il faut bien se rendre à l'évidence et reconnaître que le parti républicain, qui a pu et dû être pendant longtemps, trop exclusivement peut-être, un parti d'action, a modifié ses allures primitives : il a donné des gages aux idées conservatrices ; il s'est séparé avec éclat des brouillons et des criminels, qui se sont vus contraints d'adopter un autre drapeau, l'horrible bannière qu'on vit, en des jours néfastes, flotter sur les hôtels de ville de Paris et de Lyon. Nier cette transformation du parti républicain et ses aptitudes gouvernementales, son action sur les masses, la valeur incontestable de ses adhérents, sa faculté d'expansion, nier tout cela peut être une tactique; mais ce n'est pas en fermant volontairement les yeux qu'on supprime la lumière, et ce n'est pas en refusant à ses adversaires le juste hommage qui est dû à leur valeur et à leur influence, qu'on s'assure à soi-même plus de chances pour la victoire.

Cependant, il n'est que juste de reconnaître que le parti républicain, au moins dans le moment actuel, est aussi impuissant que ses adversaires à constituer fortement le pouvoir central, et à faire prévaloir, au sein de l'Assemblée, ses vues politiques touchant la forme gouvernementale. Les élections du 2 juillet ont été pour lui une manifestation éclatante; celles qui se préparent lui seront également favorables. Mais il n'a point la majorité dans la Chambre, et ses tentatives pour faire cesser, par une proclamation immédiate et définitive de la République, l'incertitude politique dans laquelle nous vivons, seraient évidemment sans succès.

Je ne parle point du parti bonapartiste. Il n'a dans l'Assemblée qu'un petit nombre d'adhérents qui osent courageusement afficher leurs regrets; quelques autres, plus timides, dissimulent leurs sympathies secrètes. En somme, ce n'est pas là un parti redoutable, avec lequel il faille compter pour reconstruire. Il n'a, pour le moment, qu'une valeur d'annihilation, aucune puissance propre, et ce n'est qu'en se portant ici et là, tantôt plus à droite et tantôt plus à gauche, qu'il exerce quelque influence sur les décisions de la Chambre.

Tel est, si nous ne nous trompons, le tableau fidèle, dans son état actuel, des forces des partis dans l'Assemblée. On l'a déjà fait bien des fois et, pour beaucoup de lecteurs qui auront bien voulu me suivre jusqu'ici, il n'aura, sans aucun doute, rien de nouveau. Mais je devais le reproduire néanmoins pour expliquer cette impuissance absolue, radicale, qui forme le trait malheureusement distinctif de l'Assemblée de Versailles.

II

Il semble qu'en présence d'une situation si cruellement tendue, il n'y ait qu'une résolution à prendre, et que cette résolution soit la dissolution de l'Assemblée. Puisque chaque parti se reconnaît par lui-même trop faible pour imposer légalement sa volonté aux autres, puisqu'aucune union n'est possible entre ces diverses fractions de la représentation nationale, un appel au pays n'est-il pas le seul moyen légitime, honorable pour toutes les fractions de l'opinion, de sortir de cette impasse funeste, sans exemple dans l'histoire de notre pays ?

C'est la solution que propose, en effet, l'une des

fractions du parti républicain, peu nombreuse, mais très-active qui siége à l'extrême gauche. Une campagne en ce sens a été entreprise dans les feuilles radicales. Elle continue chaque jour, profitant des moindres incidents de la politique, et je ne fais pas de doute sur son résultat final, si l'Assemblée ne sait pas trouver le moyen d'échapper à la logique pressante d'adversaires très-convaincus et très-ardents. Il n'est pas facile de répondre à des arguments dont chacun, en soi-même, est forcé de reconnaître la valeur chaque jour croissante. Il n'y a pas dans l'Assemblée un homme de bonne foi qui ne reconnaisse, au point de vue de la reconstruction politique du pays, l'impuissance de son propre parti pris isolément. Invoquer l'intérêt du pays qui tient à son repos et qui ne veut pas être troublé par de trop fréquentes élections, dire qu'il faut attendre, pour le renouvellement de l'Assemblée, la libération intégrale du sol français, ce sont là des raisons très-sérieuses dont je me garderais bien de méconnaître la valeur, mais qui ressemblent à des fins de non-recevoir, et qui, par cela même, ne sont pas de nature à faire une impression durable sur l'opinion publique. Il y a, dans le pays, quels que soient les dangers des agitations électorales, une ardente aspiration vers un établissement définitif. Je n'oserais dire que cette aspiration tend, d'une manière très-nette, très-précise, très-arrêtée, à la République. Ce que je crois, c'est que le parti qui, pour donner satisfaction à cette soif immense d'une organisation définitive, demande la dissolution de l'Assemblée, a des chances considérables d'obtenir l'oreille du pays. On a pu vivre pendant quelques mois sur cette convention incertaine et mal définie qui s'est appelée le pacte de Bordeaux. Mais, si grande que soit l'habileté du chef éminent du pouvoir exécutif, un pareil pacte qui laisse tout en suspens, n'aura jamais, pour le pays, la valeur d'une constitution, si incomplète qu'elle fût, pourvu qu'elle eût l'apparence du définitif. C'est une manie de répéter qu'en France ce qui dure le plus c'est le provisoire. J'affirme que ce n'est qu'un paradoxe usé et qui pis est, en ce moment, une arme des partis. Non, la France est lasse du provisoire, et si l'Assemblée ne se décide prochainement à l'en faire sortir, je crains (et je le dis sincèrement) que l'Assemblée ne perde, dans cette inaction fatale, ce qui lui reste de prestige et d'influence sérieuse sur l'opinion publique.

Est-ce à dire que je partage cette idée d'une dissolution immédiate et que, sur ce point, je croie sage de favoriser le mouvement parti de la gauche extrême ? — Non assurément. Pour moi, la dissolution actuelle de l'Assemblée et son renouvellement intégral seraient une faute capitale, un danger immense pour le pays, un véritable crime contre ses intérêts les plus évidents. Dissoudre l'Assemblée en ce moment, alors que l'étranger foule encore six de nos départements, dissoudre cette Assemblée qui a traité avec l'ennemi, qui, en lui donnant la signature de la France, a pris des engagements à terme fixe et dont elle a le droit et le devoir d'assurer l'accomplissement, serait jeter le pays, sans parler des périls intérieurs, dans d'effroyables aventures. Que ne peut-on attendre de cette politique sans scrupule dont la devise violente et audacieuse : *la force prime le droit*, restera comme un indélébile stigmate au front du vainqueur? Donnerons-nous à cet ennemi aux aguets, penché sur sa proie frémissante, le prétexte d'un retour offensif? Qui peut dire qu'il ne ferait pas entendre ce langage : « J'ai traité avec l'Assemblée du 8 février. C'est elle qui s'est engagée : c'est elle seule qui peut tenir ses promesses. Des élections nouvelles changeraient peut-être la direction de la politique. J'entends reprendre le gage que j'ai abandonné ! »

Certes cette éventualité n'est point une chimère bonne tout au plus pour des esprits timorés. Il suffit de jeter un coup d'œil sur la situation de l'Europe pour conseiller à notre pays le calme, la résignation, la patience, et pour croire qu'il n'y a pas, pour le moment, d'autre politique, à l'égard de l'étranger, que celle qui consiste dans le strict et rigoureux accomplissement des obligations prises. Pour moi, je n'en vois pas d'autre, et je considérerais dès lors comme un immense danger, la dissolution immédiate, intégrale du seul pouvoir qui, quelles que soient ses imperfections au point de vue de la politique intérieure et de la forme gouvernementale, est, en définitive, le seul représentant de la souveraineté nationale.

Il ne suffit pas, d'ailleurs, de réclamer la dissolution de l'Assemblée actuelle; il ne suffirait pas de l'obtenir pour mettre fin aux difficultés de la situation présente. Je ne crois pas faire injure aux partisans de la dissolution immédiate et intégrale en leur supposant l'espérance d'obtenir, par le renouvellement, une majorité radicale. Cet espoir, ils ne le dissimulent pas, et je ne saurais leur en vouloir de faire connaître hautement le fond de leur pensée. Mais il faut, en vérité, avoir de grandes illusions pour croire que les choses se passeraient ainsi et pour penser que le pays s'est subitement converti aux douceurs du radicalisme. Ce qui est vrai, c'est que l'Assemblée nouvelle contiendrait dans son sein des éléments de division bien autrement redoutables que ceux qui se trouvent dans l'Assemblée actuelle.

On fait à cette Assemblée un reproche que l'on entend bien souvent répéter. On dit qu'elle a été nommée exclusivement en vue de la paix, pour traiter avec l'étranger, que le pays n'a point demandé aux candidats de profession de foi et qu'il ne s'est nullement inquiété de la pensée politique de chacun d'eux. L'observation n'est pas aussi juste qu'elle peut le paraître à la surface. L'élection du 8 février 1871 a été une manifestation éclatante contre les doctrines et les pratiques de l'empire. C'est déjà quelque chose. Elle a été de plus une protestation non moins éclatante contre les hommes qui prétendaient violenter le pays, le faire sortir des voies conservatrices et le pousser brusquement dans la révolution sociale.

Voilà incontestablement ce qui domine l'ensemble de l'élection, et ce qui ne permet pas de lui refuser le caractère d'une manifestation politique à la fois libérale et conservatrice. Çà et là, sans doute, il y a eu de fâcheuses, de déplorables exceptions; il ne reste pas moins constant que le pays a, le 8 février, en dehors de l'objet immédiat imposé aux décisions de l'Assemblée, obéi à des idées et à des principes qui sont comme le fond même de l'opinion publique, et qu'on retrouvera toujours, presque au même degré, toutes les fois qu'on fera un appel sincère et libre à ses manifestations.

L'impuissance de l'Assemblée actuelle, au point de vue constituant, ne tient donc pas aux circonstances particulières de son origine. Lors même qu'il serait vrai que les électeurs ne se sont point préoccupés de la couleur politique des candidats, on ne trouverait pas, dans ce fait seul, la cause véritable de cette impuissance. Je n'imagine pas que les adversaires de l'Assemblée actuelle lui refusent la bonne volonté et le patriotisme. Ce que l'on appelle la majorité forme un ensemble très-divergent sur des doctrines fondamentales. Sur les questions les plus importantes, cependant, l'union parvient à se faire par un effort volontaire qui comporte le sacrifice de sentiments souvent très-impérieux et très-exigeants. Si cette majorité n'a pu s'entendre sur la forme même du gouvernement, c'est que, précisément, chaque député croit avoir reçu, à ce sujet, un mandat, suffisamment net et précis pour le placer au-dessus de toutes les concessions personnelles.

Or, si telle est, à l'heure actuelle, le sentiment des membres de l'Assemblée, il n'est pas difficile de prévoir que le renouvellement intégral, bien loin de diminuer la difficulté, ne ferait que l'accroître dans des proportions telles qu'un bouleversement politique en serait la conséquence pour ainsi dire inévitable. Les candidats aux élections à la future Constituante (1), placés en face du pays, lui communiqueraient, en effet, leurs vues politiques sur la forme définitive à donner au gouvernement. Tel invoquerait les souvenirs de la légitimité, tel autre ceux de l'empire; celui-ci solliciterait les suffrages pour établir la République, celui-là demanderait le retour à la monarchie de 1830. De cet immense appel au pays, sur tous ses points, croit-on qu'il pût sortir une réponse uniforme? Dans ce jeu de la politique où les situations personnelles ont un si grand rôle, où les intérêts, les passions, se mêlent, s'agitent jusqu'à la fureur et à la folie, la réponse du pays varierait avec le tempérament, les idées, des aspirations des masses électorales dans chaque département. Le nord ne pense pas comme le sud, l'ouest comme le centre ou l'est. L'élection réfléterait forcément ces sentiments divers, et il serait absurde de prétendre que République ou Monarchie pussent être affirmées nettement par un verdict national irrécusable. Ce qui

(1) Demander le renouvellement intégral en ce moment, c'est, en effet, demander l'élection d'une Constituante. Cette conséquence logique, nécessaire, de la dissolution n'échappe, je le suppose, à personne.

sortirait de ces élections, ce serait la confusion la plus effroyable et la mêlée la plus redoutable qui se puissent imaginer.

On a beaucoup parlé, dans ces derniers temps, du mandat impératif, et les hommes de bonne foi, quelles que soient, d'ailleurs, leurs opinions, ont justement flétri cette servitude morale que le radicalisme prétend infliger à ses élus. Si l'on veut généraliser dans toute la France cette détestable pratique, il n'y a pas de meilleur moyen que de recourir pour la question de forme à des élections générales. Et que pourraient faire dans la Chambre nouvelle ces élus du pays, engagés devant leurs électeurs, liés envers eux, par des déclarations formelles, positives, auxquelles il ne serait pas permis de se soustraire sans manquer à la foi jurée ! Croit-on qu'une pareille Assemblée, où tous les partis se donneraient rendez-vous, pût aborder, avec chances de succès, la solution des problèmes politiques qui s'imposent à nos méditations, et que l'ayant abordée, elle pût jamais parvenir à s'entendre, à constituer une majorité et à fonder enfin un régime acceptable et accepté? — Je suis profondément convaincu, quant à moi, que dans l'état actuel des partis en France, dans cet état de désagrégation politique où se trouve le pays, un pareil espoir n'est qu'une chimère, et que, si l'Assemblée actuelle n'a pu s'entendre sur une question pourtant si urgente et d'une solution aussi nécessaire, les successeurs que l'on veut lui donner seront plus mal placés qu'elle-même pour la résoudre.

III

Une autre opinion a été mise en avant. On la trouve très-souvent reproduite par les journaux qui passent pour les organes du bonapartisme. On réclame à grands cris le plébiscite : *Vox populi, vox Dei.* Puisque les partis ne peuvent pas s'entendre, puisqu'ils restent aux prises, les uns en face des autres, sans rien fonder, sans assurer l'avenir, n'est-il pas très-simple, très-naturel, très-honnête de réunir la nation entière dans ses comices et de lui demander à elle-même sous quelle forme de gouvernement elle entend vivre désormais ?

A mon sens, cette solution est à la fois la moins simple et la moins honnête qui se puisse imaginer.

L'empire a pratiqué ces sortes d'appel au peuple ; il s'en est assez bien trouvé, et pour mon compte je suis très-fort convaincu que tout gouvernement qui voudra y recourir en France, s'en trouvera également bien. Je dis que l'empire s'en est bien trouvé, et que tout autre gouvernement s'en trouverait également bien, en ce sens que le plébiscite a toujours donné et donnera toujours la réponse que le gouvernement établi, fût-il provisoire, attend de lui pour sa consolidation. Sous ce rapport, c'est une machine commode, et je comprends qu'elle ait plu au régime disparu. Jamais on ne la vit faire défaut aux mains qui la dirigent. Sous le Consulat, sous le premier Empire, aussi bien que de nos jours, le plébiscite n'a jamais trahi les espérances que ses inventeurs avaient mises en lui. A peine quelques notes discordantes dans cette clameur immense du pays en faveur de ses gouvernants.

Et, en effet, cela s'explique. Quand un gouvernement demande au pays s'il veut changer de direction politique, il lui pose la question la plus redoutable et lui donne à déchiffrer un problème tel, que le corps électoral qui n'a pas les facultés d'Œdipe, hésite épouvanté. Il sait seulement que de son vote peut sortir une révolution nouvelle, et dans ce pays, tant éprouvé par les révolutions, si la masse électorale consent à subir de nouveaux changements, elle ne saurait consentir à les décréter et à se jeter d'elle-même au-devant des hasards et des périls de l'inconnu. — Comme elle sent d'instinct que ces questions élevées de constitution échappent à son entendement, elle réduit le problème aux termes les plus simples. C'est un choix à faire entre l'ordre et le désordre. L'ordre est représenté par le gouvernement établi, le désordre par les partis qui cherchent à renverser ce gouvernement au profit de leurs conceptions politiques. Le problème étant ainsi simplifié, la réponse est connue d'avance.

Je m'étonne que les bonapartistes, qui doivent avoir conservé le souvenir récent du plébiscite de 1870, aient eu la pensée de proposer au pays une panacée aujourd'hui réduite à sa juste valeur. Je ne veux point supposer qu'entre leurs mains, le plébiscite soit devenu une arme de parti, et qu'ils s'en servent uniquement pour se donner la satisfaction puérile de mettre les républicains en contradiction apparente avec leurs opinions touchant la souveraineté nationale. J'aime mieux croire qu'ils parlent sérieusement, et que leurs espérances dans le succès, pour leur cause, d'un appel au peuple, sont réellement sincères. Je me permets seulement de leur faire remarquer, parce qu'ils semblent l'avoir oublié, qu'ils ne sont plus au pouvoir, que leurs amis ont cessé de diriger le mouvement, et que, si précaire que leur puisse paraître l'établissement républicain, le changement de forme n'impliquerait pas moins une révolution véritable. Le gouvernement impérial a-t-il laissé des souvenirs si attrayants que, pour y revenir, la nation affronte les terribles secousses qu'amènerait une telle restauration? En vérité, ces illusions, si elles sont sincères, sont en même temps bien naïves.

Les plébiscites pratiqués par l'Empire, quoique soulevant les questions les plus complexes, se présentaient cependant sous une forme assez simple en apparence. Je demande comment et de quelle façon on pourrait, dans la situation présente, consulter la nation, lui posant une question simple pour obtenir d'elle une réponse également facile à comprendre et à saisir. On a bien vite fait de dire que rien n'est plus aisé, et que les termes du problème se résument en deux mots : Monarchie ou République. Autant dire crûment qu'on attend de la coalition des partis monarchiques la condamnation de la forme républicaine. Mais ce n'est pas tout. Un pareil plébiscite en supposerait un second, un troisième et peut-être un quatrième. En admettant que la République fût mise hors de cause par le premier appel au peuple, il ne faut pas être un grand devin pour voir ce qui se passerait. La coalition monarchique victorieuse se dissoudrait le lendemain de la victoire, et chaque parti en revendiquerait pour lui le bénéfice. Si la guerre civile ne sortait pas de là, sans plus attendre, il faudrait bien adresser au peuple de nouvelles questions. « Vous avez « bien fait connaître, lui dirait-on humblement, que les « républicains n'étaient qu'en minorité dans le pays, « comparativement aux monarchistes de toute nuance; « mais dites-nous, de grâce, quelle est la monarchie de « votre choix? » Voilà de nouveau l'arène ouverte. Mais suppose-t-on que l'accord va se faire cette fois et, que sur les trois partis en présence, deux vont abdiquer? Hélas! ce serait bien mal connaître les hommes et les partis! Et s'il y a des gens qui pensent que le pays ne périrait pas au milieu des anxiétés et des angoisses qu'amèneraient de pareilles compétitions, je respecterai leur bonne foi en plaignant leur aveuglement. Il n'y a dans ce procédé si simple, qu'arbitraire, violence et confusion. L'expérimentation de ce rouage si commode, appliqué à de purs intérêts de clocher, enfanterait la guerre civile dans la plus petite de nos communes. Dans le pays tout entier, en face de l'ennemi, elle aurait comme conclusion nécessaire et fatale, la déchéance irrémédiable de la grandeur française, le retour d'un vainqueur implacable et la réalisation définitive des rêves germaniques !

IV

Je ne sais si j'ai montré aussi nettement que je les entrevois, les dangers des solutions que proposent les radicaux et les bonapartistes. Mais il ne suffit point d'indiquer ce qu'il convient d'éviter. Il faut montrer la voie qui seule permet d'éviter les périls accumulés par les événements, plus forts que les hommes, et par les hommes que ces événements n'ont point ramenés aux saines appréciations de la bonne foi, de la raison et du patriotisme. Si l'on peut croire qu'une nation jetée dans de telles aventures, dans l'abîme profond creusé par l'empire, l'invasion et la guerre civile, peut se sauver sans faire un retour sur elle-même, sans sacrifice de ses passions, sans un amour profond de la patrie ; si l'on peut croire qu'il suffise de rester cantonné sur le terrain étroit où s'agite chaque parti, qu'il n'y a point de concessions à faire au sentiment d'autrui, que l'esprit de concorde doit rester banni de nos cœurs, et la sincérité de nos consciences, je n'hésite pas à le dire, l'heure de cette nation est venue ; elle est vouée irrévocablement à la déchéance et à la mort.

Rejetons loin de nous cette pensée impie. Dieu merci, il existe encore dans tous les partis, quels que soient leur but et leurs aspirations, de nobles âmes dont les malheurs publics et les divisions civiles n'ont point tari les patriotiques aspirations. C'est à ces hommes que je m'adresse, c'est à leur bonne foi que je fais appel. Je leur demande d'étudier, de creuser la question du renouvellement partiel. C'est là, je ne crains pas de le dire, la seule chance de salut qui reste au pays. Qu'ils ne la laissent pas échapper !

L'appel au peuple est une chimère, la dissolution une folie dangereuse; le renouvellement partiel, voilà le terme moyen, la conciliation ingénieuse et prudente des principes et des légitimes espérances des partis. — Il ne force aucun d'eux à un sacrifice immédiat, à une abdication sans lendemain. — Il laisse au temps ce qui doit être l'œuvre du temps, ce qui ne peut ni se décréter, ni même raisonnablement s'obtenir d'hommes politiques, si sincères et si dévoués qu'ils puissent être à la chose publique.— Il assure l'avenir en consolidant le présent. — Il prépare le changement de l'ordre politique, si ce changement est reconnu nécessaire. — Il supprime la révolution, rend impossible la guerre civile et termine les difficultés présentes par l'appel au seul juge que reconnaisse un pays libre, l'opinion publique. Expliquons-nous.

Si, faute d'une entente entre les partis, dès ce moment reconnue impossible, l'Assemblée nationale persiste à prolonger le provisoire, et après avoir déclaré ses droits de constituante, à ne rien constituer, ce qui peut arriver de mieux, c'est qu'elle parvienne au terme nécessaire de sa mission, c'est-à-dire au jour de l'évacuation définitive du territoire, sans avoir vu s'élever contre elle un de ces mouvements irrésistibles de l'opinion, à la faveur desquels se font les révolutions et se préparent les coups d'État. Mais n'ayant rien su faire pendant qu'elle était en pleine possession de ses droits, il est bien clair qu'elle se verrait virtuellement dépourvue de tout pouvoir constituant à la veille de sa séparation. L'échéance de 1874 va donc se dresser menaçante aux yeux du pays, inquiet à juste titre du dépôt qu'il a confié à l'Assemblée, échéance bien autrement terrible que 1852 ; car la constitution de 1848 réglait la transmission du pouvoir et il a fallu, pour édifier l'empire, la plus abominable trahison qu'un pays puisse subir de l'homme à qui il a donné sa confiance. Cette fois, si l'Assemblée impuissante vient à disparaître, sans avoir rien créé, rien stabilisé, si elle laisse tout à faire à l'Assemblée qui la doit remplacer, l'année 1874 ne tardera pas à apparaître comme l'une de ces époques fatidiques dont le moyen âge attendait la venue avec l'anxiété et les angoisses du moribond sur son lit de douleur.

Le renouvellement partiel supprime cette date fatale, cette échéance redoutable. En lui-même, il constitue d'ailleurs un mode essentiellement légitime de consulter l'opinion publique. Quel reproche sérieux lui pourraient adresser les partis, si pressés qu'ils puissent être d'arriver au pouvoir ? n'a-t-il pas été convenu, entendu vingt fois qu'on ferait l'essai loyal de la République ? Y a-t-il un seul de ces partis qui puisse avouer la prétention de supprimer immédiatement cette forme de gouvernement ? Y a-t-il un seul qui soit prêt à la remplacer ? — Y en a-t-il un seul qui ose prétendre que cette suppression se puisse faire sans appel au pays ou sans la ratification de l'opinion publique ? — Qu'ont-ils à dire, enfin, les adversaires de la République, si l'opinion se prononce contre eux et qu'ont-ils de mieux à espérer qu'elle se prononce pour eux ? — En se plaçant au point de vue particulier des partis, je défie qu'on trouve à la fois un expédient plus légal, plus loyal en même temps, pour faire cesser un antagonisme et des luttes dont l'unique résultat est l'annihilation des forces de chacun.

Certes, je conviendrai volontiers que ce procédé légal et loyal ne fait pas disparaître immédiatement les incertitudes qui caractérisent la situation présente. Mais il est possible, dès cette année, de procéder au renouvellement d'un tiers de l'Assemblée; cette élection pourrait avoir lieu au mois de juin ou de juillet 1872. Dix-huit mois après, c'est-à-dire en janvier 1874, un autre tiers serait renouvelé : le dernier tiers disparaîtrait au mois de juillet 1875. Or, la solution définitive ne serait pas reculée à cette époque. Dès la première élection, le sentiment du pays se manifesterait assez clairement pour constituer dans la Chambre une majorité compacte dans un sens ou dans l'autre. Dès ce moment la Chambre qui s'est déclarée constituante et qui sent si douloureusement aujourd'hui que cette déclaration solennelle est restée et restera la plus vaine des formules, serait assurément en mesure de traduire la volonté du pays par des actes véritablement constitutionnels. Rajeunie par l'élément nouveau provenant du renouvellement partiel, l'Assemblée verrait se rétablir son prestige et son influence sur l'opinion publique. Les hommes de parti pourraient continuer à discuter la valeur de ses décisions et l'étendue de ses pouvoirs. Mais l'Assemblée aurait pour elle les hommes de bonne foi, ceux qui veulent la fin de la crise politique dans laquelle nous nous consumons, et avec eux le pays tout entier qui a soif de repos, de calme et de stabilité.

C'est un aveu pénible à faire, mais on ne peut se dissimuler que la situation politique de la France, en ce moment, ressemble beaucoup à celle de l'Espagne, après la révolution violente qui a renversé la reine Isabelle. Serons-nous, comme l'Espagne, réduits à attendre pendant deux années d'anxiétés pénibles, la solution définitive? Assisterons-nous, pendant cette longue étape vers un régime quelconque, aux luttes, aux violences, aux colères des partis? Que l'on commence, au moins, dès ce moment, à consulter la France! Son verdict, j'en suis certain d'avance, sera suffisamment clair pour rendre à l'Assemblée la confiance qui lui manque et cette foi nécessaire en ses propres décisions, en dehors de laquelle il n'y a plus qu'anarchie et confusion.

On en conviendra, d'ailleurs, ce qui pourrait arriver de plus défavorable, ce serait qu'après le renouvellement du premier tiers, les forces des partis se retrouvassent à l'Assemblée dans la proportion exacte où nous les voyons aujourd'hui. La situation n'en serait pas moins améliorée, en ce sens qu'un tel résultat, montrant, de la façon la plus péremptoire, l'impuissance plus que jamais évidente des partis à substituer une autre forme politique à la forme actuelle, toute question constitutionnelle serait virtuellement écartée des délibérations de l'Assemblée, jusqu'au jour du renouvellement du second tiers. La République ne sortirait pas, sans doute, définitivement victorieuse d'une telle épreuve ; mais c'est déjà quelque chose pour un gouvernement que d'être la résultante négative de forces qui se contrarient mutuellement. La stabilité d'un gouvernement ne se mesure pas seulement à la force et au nombre de ses partisans ; elle s'arbitre non moins justement à l'état de division des systèmes politiques opposés. Placé dans une telle situation, le gouvernement a le droit de dire à ses adversaires : « Tant que vous n'aurez pas opéré de rapprochement entre vous, tant que vous n'aurez pas constitué, à la place de la coalition dont vous donnez le spectacle, une majorité sérieusement gouvernementale, mon droit de vivre et ma légitimité sont incontestables. Entendez-vous si vous le pouvez, combinez vos efforts dans une haine commune, soit ; tâchez de m'abattre en associant vos rancunes, si tel est votre bon plaisir ; mais tant que vous serez désunis, je resterai, et j'en ai le droit, comme l'unique sauvegarde des intérêts sociaux, et le représentant même des intérêts hostiles que leur infériorité numérique, prise séparément, rend par cela même inaptes à saisir le gouvernail. »

C'est par là vraiment que la loyauté, la sincérité de la combinaison proposée apparaît à tous les yeux. J'entends bien d'ici les clameurs des gens pressés de voir la réalisation des chimères qu'ils caressent. Vous nous condamnez, disent-ils, à la République que nous abhorrons ! Vous nous y condamnez, quand nous sommes sûrs d'être plus nombreux que les républicains de toute nuance ! Vous nous y condamnez quand vous inscrivez sur votre drapeau le principe de la souveraineté nationale, c'est-à-dire du gouvernement du pays suivant la loi de la majorité! N'est-ce donc pas une contradiction impossible à soutenir, à justifier, et que votre formule du renouvellement partiel n'est point de nature à faire disparaître? Nous ne pouvons supporter cela ni une heure, ni une minute, et vous avez la prétention de nous faire subir un tel régime pendant des mois et des années entières ! Quelle violation plus évidente du droit public, des principes du gouvernement moderne! Quelle atteinte plus cruelle aux consciences, au droit individuel, à la liberté !

J'admire, en vérité, ces doléances, quand je songe que ces ennemis aveugles ne songent à renverser ce gouvernement tyrannique que pour imposer le lendemain, à leurs adversaires, la contrainte à laquelle ils se prétendent soumis. J'admire cet appel au respect des principes, quand ce gouvernement violent, qui s'appelle la République, laisse à tous les partis monarchiques, quels qu'ils soient, la liberté entière de convertir le pays à leurs doctrines et à leurs convictions!

J'admire ces éloquentes revendications au nom du droit et de la liberté publique et individuelle, dont les auteurs sont ceux-là mêmes qui, pendant vingt années, ont gouverné le pays en foulant aux pieds ces principes, dont la République leur laisse (et je ne m'en plains pas) le droit d'user et d'abuser contre elle ! J'admire tout cela, enfin, quand j'entends ces récriminations violentes au moment même où les partisans de la République proposent aux partis de finir à jamais ce débat, toujours renouvelé, de la forme gouvernementale, par la seule voie honorable et légitime qui s'appelle l'appel au pays, sous la forme spéciale du renouvellement partiel !

Certes, nous savons bien qu'il déplaît très-fort à nos adversaires que cet appel se fasse sous le couvert de la République. Ils sentent bien, et ils n'ont pu encore s'habituer à cette nouveauté, qu'aujourd'hui les partisans de la République sont des conservateurs, et qu'ils sont passés, eux, dans le camp des révolutionnaires. On a beau s'appeler conservateur, quand on a le projet avoué de renverser le gouvernement existant, on comprend que c'est une situation fausse et que le pays ne s'y trompe guère. Mais que peut-on faire à cela ? Et faut-il, uniquement pour être agréables à leurs adversaires, que les républicains commencent par supprimer la République et qu'ils passent les dés à l'un ou à l'autre des partis monarchiques ? En vérité, ceci n'est plus de la politique ! On a beau récriminer contre le 4 septembre, la République est un fait consacré par l'Assemblée elle-même,

reconnu par elle, accepté par elle comme devant sub-
sister jusqu'à preuve faite de sa non-viabilité. Si cela est,
la République a le droit de faire les élections, sauf à ses
ennemis à profiter de la liberté pleine et entière qui
leur est laissée pour convaincre le pays de la justesse
de leurs vues et de la vitalité de leurs conceptions politiques.

V

Je m'arrête, croyant avoir suffisamment indiqué la
pensée même qui a inspiré cet écrit. J'ai montré la
situation des partis, l'impasse dangereuse où ils se sont
jetés. J'ai cherché les moyens d'en sortir. Je n'en vois
qu'un seul qui soit légitime et honorable. L'unique reproche que lui puissent adresser les partis, c'est de
maintenir, pendant un temps encore indéfini, la forme
actuelle du gouvernement sous laquelle le pays vit en
ce moment. Mais que faire à cela? Je le demande aux
hommes sensés et de bonne foi ! Ce serait bien la peine
de chercher la pensée du pays, si nous commencions
par une révolution nouvelle ! Car le changement de ce
qui existe actuellement, si ce changement se fait en
dehors du pays, sans sa volonté dûment exprimée, ne
peut être qu'une révolution, coup d'État ou violence de
la rue. Y en a-t-il encore chez nous des partisans des
coups d'État? Je n'ai pas la naïveté de croire qu'ils ont
tous disparu avec l'empire; mais je fais à mon pays l'hon-
neur de supposer que ces gens-là sont en infime minorité.

Les hommes qui ne reculeraient point devant les violences démagogiques sont plus nombreux assurément ; et je condamne, autant que qui ce que soit au monde, leurs doctrines, si tant est qu'on puisse donner ce nom à de viles passions et à de monstrueux appétits. On me permettra de laisser de côté ces minorités violentes, et de ne considérer la question qu'au point de vue des partis qui, quelles que soient l'ardeur de leurs désirs et la fermeté de leurs convictions, ne veulent sortir de la situation présente que par l'appel normal, régulier, aux décisions de l'opinion publique. C'est à ces partis que je me suis adressé. S'ils ont une combinaison autre que le renouvellement partiel, qu'ils l'indiquent ! Mais, quant à moi, je doute qu'ils produisent jamais aucune autre idée, aucune autre base de transaction acceptable par tous leurs adversaires à la fois !

Il y a, je ne l'ignore point, de fins politiques, dans ces partis, qui pensent que la République s'usera d'elle-même au milieu de ces compétitions ardentes, et auxquels l'inertie même et la prolongation du *statu quo* actuel paraissent la meilleure des combinaisons. Ils ne se cachent pas pour dire que le pays ne tardera pas à se lasser d'un régime qui n'a pas de lendemain assuré et ils se croient sûrs, quand cette fatigue viendra, de n'avoir qu'à ouvrir les bras pour recueillir la proie qu'ils convoitent. Ceux-là comptent beaucoup sur le temps, sur les fautes des hommes, sur les événements. Je ne dis point que ces politiques soient de grands coupables, mais je les considère comme de grands imprudents. 1852 devrait être pour eux un souvenir et un avertissement. Je les engage à méditer ce *Sic vos non nobis* et je les conjure, au nom du patriotisme, de ne point repousser systématiquement le seul moyen honorable pour tous à la fois, de sortir des embarras actuels et de beaucoup réfléchir avant de se jeter, de gaieté de cœur, au-devant des aventures.

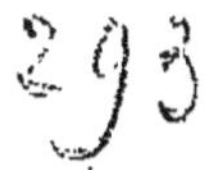